德国幼儿园趣味课程

幼儿园自然和科学体验

【德】玛丽亚·奥德马克　西尔克·沙佩尔　著　　傅敏敏　张超逸　译

上海教育出版社
SHANGHAI EDUCATIONAL PUBLISHING HOUSE

目 录

前言	7
探究型学习	8
学习的循环模型	10
幼儿园中的自然和科学教育	14
在一日生活中体验自然和科学	16
在教育活动中体验自然和科学	20
自然和科学活动的实施	24
自然和科学活动的记录	28
让自然和科学活动充满活力的材料	34
探索生机勃勃的大自然	38
橡子壳的记忆游戏	40
大自然的配对游戏	44
自然的故事	48
自然的另一种方式	52
森林里的黏土画	56
借助木片进行比赛	60
木头上的肥皂泡	64
盒子里的大自然	68
树枝上的自然	72

筑巢	76	太阳加热的温水	114
美好的自然	80	光的颜色	118
显微镜下的自然	84	漂浮的回形针	122
谁住在树洞里	88	漂浮的纸	126
四维的动物	92	漂浮的黏土船	130
冬季的动物	96	水的运输	134
		海底世界	138
探寻大自然中的不同物质	100	冒泡的水管	142
水之山	102	水位上升	146
纸水管	106	纸条的旋转	150
笔下的彩色世界	110	用气球创作音乐	154
		螺旋飞行器	158

前言

大自然为我们提供了无数探索和学习的机会。孩子们天生充满好奇,希望了解周遭世界的运行方式。他们会本能地观察和了解动物和植物,并为之兴奋不已。一旦发现蜗牛、蠕虫或甲虫,他们就会花费大量时间去观察这些小动物,分析它们在做些什么,并跟随它们的行动轨迹。在春天,孩子们会被花丛和灌木丛迷住;他们探寻自然的变化,以及每年四季更迭的过程。他们会发现许多不同种类的植物,并用自己的方法进行分类。孩子们会探索植物生长所需,同时问自己这些水、泥土和阳光到底是什么。孩子们如果能了解这几个要素,就能更好地理解自然。他们会意识到世界的复杂性,在大自然中发现生物、化学和物理现象。以上这些都可以在幼儿园一日生活及令人兴奋的教育活动中加以体现。

玛丽亚·奥德马克
西尔克·沙佩尔
2019 年 2 月

探究型学习

探究型学习意味着：不断追问我在想什么，我发现了什么；为了解开新的谜题而与他人一起努力揭开世界的面纱，开始学着更好地理解周遭的人和事物。①

孩子们在很年幼的时候，已经开始接触基本的物理定律了。在各种各样的游戏中，他们探索旋转的方式、运输物品的方法、物品下落的抛物线和其中隐藏的联系，这样就形成了理解自然现象的基础。当一些联系建立起来时，新的认知就出现了，并且这种联系也变得更加明确。隐藏的联系虽然肉眼不可见，但它确实存在。万有引力定律发现：物体不变的情况下，物体在不同的位置以不同的方式运动，但物体只能旋转而无法摆脱某种力量。所有这些都表明：自然从一开始就围绕在我们身边，我们自然而然会对自然现象提出疑问，并加以应对。

---

① Zocher, U. (2000). *Entdeckendes Lernen lernen. Zur unterrichtspraktischen Umsetzung eines didaktischen Konzepts.* Petersen, J. & Reinert, G. B. (Hrsg.) Donauwörth: Auer. S. 372.

学习的循环模型

孩子们在每天玩耍的时候会逐渐形成对世界的印象，并从中获得新的体验。他们会提出问题，尝试弄清问题的真相，试图找到答案和解释。他们通过实验、尝试和测试来进行探索。当他们细心、准确地观察、记录自己的经历和见解时，某些发现就会反映出来。当新的问题再次出现时，整个循环就又开始了。学习的过程成功地化为知识，并且还会带来新的见解。因为孩子们的兴趣和热情，这种充满活力的、探索性的学习方式会确保知识得以长期巩固。因此，学习的基本前提是考虑孩子的兴趣，并要将兴趣纳入学习过程。为了在学习过程中的各个阶段给予孩子充分的支持，教师了解这一过程是十分必要的。

不必强迫孩子像成年人一样思考。我们最好记住，孩子是优秀的学习者，并且我们应该努力使自己变得更像他们。

根据维果茨基的说法，支持这样的学习过程"需要以引人深思的事件及其他指导、支持的形式提供一个初步的、完整的方向基础。一旦学习者能够独立完成某一子任务，这就意味着'脚手架'可以被一步一步地移除"。[①] 这意味着成人要支持孩子探索的冲动，并帮助他们建立一个弄清问题根源的架构。随着时间的推移，孩子会变得更加自立，能够独立地运用各种学习到的方法。

---

① Schnotz, W. (2006). *Pädagogische Psychologie Workbook. Weinheim*: Beltz. S. 49.

教师和孩子需要共同进行一场探索之旅,教师要在探索世界的道路上陪伴孩子。教师本身就应该对大自然着迷,激发孩子探索的兴趣,向孩子提出问题,提供必要的材料,组织适当的教育活动,每天沉浸在永不停息的探索中。为了更好地支持孩子的学习,帮助孩子积累和运用经验,教师应该时刻密切观察孩子;专注和仔细的观察是将孩子当前学习兴趣与学习经验相联系,并使孩子兴奋的基本前提。教学方法起着特殊的作用,教师能运用有趣的教学方法让探索的过程更富有趣味。教师与孩子一样,应该有探索和关注终身学习过程的愿望。

在学习的同时,孩子会发展出积极寻找问题答案的策略。教师可以通过支持孩子寻找答案,来提高他解决问题的能力。

与主题相比,方法更为重要。

首先,向孩子介绍所有的材料,并一起讨论材料的性质。接着,对活动或实验过程进行简短解释,注意:重点不是活动或实验的结果。然后,请孩子对将会发生什么以及为什么会发生作出假

设,教师应记下孩子的陈述,以便稍后回顾。孩子进行活动或实验时,引导他们仔细观察,并在此基础上解释自己所看到的;如果活动或实验的结果不清楚,可将活动或实验重复几次,并由成人记录发生了什么。最后,和孩子一起将活动或实验的结果与之前的假设进行对比,验证这些假设是否成立。如果活动或实验产生了新的问题,可以用这样的方法继续深入研究。

基于大自然的多样性,事先根据孩子的年龄特点准备活动所需的前期经验也是非常重要的。

一个活动或实验要获得成功,可能需要重复多次。教师应该陪伴孩子经历失败的过程,与孩子一起寻找活动或实验失败的原因,并提出改进建议。在不断尝试的过程中不断解决问题,经过多次尝试最终获得成功时,成功的喜悦也会成倍增加。这些探索和研究的经验会增强孩子的自信,并为其未来的学习提供动力。

幼儿园中的自然和科学教育

作为教育机构，幼儿园的目标是培养具备不同领域知识的儿童。在近几十年的教育发展过程中，对于不同年龄段的儿童在各个领域应具有怎样的认知水平，逐渐有了明确的要求，其中既包括一些经验，也包括一些技能。这些教学要求的最终目的是让所有儿童都能接受同样的教育。在这些具体的教学要求之外，教师还应牢记，日常生活中有无数值得关注的教育时刻。在自然科学领域，孩子的学习常常需要以好奇心和热情为支撑；但自然科学本身是一个不断提出质疑的永恒循环，教师自身必须具备这样的基本态度，还应引导孩子逐步建立这样的意识。

当孩子学会观察自己所处的环境，能提出问题并找到合适的方法来解答这些问题时，他们就获得了解决问题的基本技能和专业知识。这种能力有助于他们今后顺利应对复杂的、网络化和数字化的社会。自然科学的内容涉及广阔的领域，包括自然、生态和技术等各方面。在本书中，我们主要介绍一些自然和科学方面的活动，并试图展现在这一领域中可以创设和使用的教育场景。这能为幼儿园一日生活或特定的教育活动提供多样的可能性，并使大自然成为讨论和学习的主题。

在一日生活中体验自然和科学

在幼儿园中，晨间谈话可以讨论许多不同的话题，其中，当前的季节和天气是不错的选择，孩子可以从中了解季节变换并展开讨论：是什么让每个季节都不一样？为什么有不同的季节？这是当季典型的天气吗？下雨这么少，植物能得到足够的水吗？此刻哪些花正在盛开？这些花看起来像什么？为什么植物如此重要？植物的叶片为什么是绿色的？我们幼儿园里的植物足够多吗？教师可以与孩子一同种植适合室内生长的植物，并在花盆上标识出植物的名称。也可以经常就植物生存所需的元素进行讨论；值日生负责养护植物，研究一下每种植物需要浇多少水（浇水壶上的水位线可以用来确定浇水量）。还可以引出一系列问题：水从哪里来？这条水管通向哪里？地下水是什么？自来水可以喝吗？我们的成长也需要水吗？至此，人类生存所需也可以成为一个讨论话题。零食，比如一片水果可以引发以下问题：什么是食物？为什么食物如此重要？水果可以分为几种类型？哪种水果吃起来是甜的？水果从哪里来？我们居住的地区种什么水果？为什么水果有时会从地球的另一端运送到我们这里？果皮属于哪种垃圾？我们为什么要对垃圾进行分类？有哪些类型的垃圾？

　　孩子们在花园里或者在大自然中散步时，可

以继续探索以下问题：这里生长着哪些植物？树为什么有根？树根有多长？这里可以找到哪些自然材料？利用这些材料可以做哪些游戏？

很明显，孩子在一日生活中会提出许多不同的问题，探究活动可以在任何时间、任何区域展开。正确应对这些问题，是教师面临的最大挑战。这并不意味着教师要回答孩子的所有问题，但教师必须知道寻找答案的方法及途径。教师引导孩子通过探究，自己寻求答案，从而获得一种共享的学习体验。如果仍然还有问题未能找到答案，孩子也可以把这些问题带回家和父母讨论，并在第二天说说他们的新发现。

在教育活动中体验自然和科学

如果将教育活动的焦点放在孩子的问题上，可以根据不同的兴趣将孩子们分成小组，也可以是整个幼儿园的孩子都在一起。考虑到学习内容的全面性，教育活动应涉及各个领域。

例如，教师设计一项活动，想让孩子把不同类型的天气画出来。首先，教师应引导孩子一起找一找生活中有哪些天气现象，可以在百科全书或纪实类书籍中找到相关的知识。其次，教师要引导孩子去了解：所有的天气现象都能这么容易地画出来吗？还有，哪些衣物适合哪种天气？雨从何而来？这时，教师就可以使用自制的故事盒子来解释水的循环。

如果孩子想要更深入地研究季节，可以通过一种运动游戏的方式来实现。教师先引导孩子讨论各个季节的典型特征，然后选择合适的音乐（每个季节应搭配不同的音乐）。运动游戏中，孩子们可以这样来表现：春天百花盛开，可以将一块布放在合着的双手之间，双手慢慢张开，布就"开花"了；夏天，可以模仿游泳的动作；秋风阵阵时，可以跑动起来；冬天会下雪，就做丢雪球的动作。教师还可以设置这样的环节，季节之间随机变换，那么孩子听音乐做动作的反应也必须随机应变，以提高游戏难度。

还可以在幼儿园里建造一个高架种植床，让孩子一起参与种植。孩子也可以参与到建造过程中来，大家一起研究应该播种哪些植物，在哪里可以买到种子……在幼儿园组织的短途旅行中，教师也可以引导孩子了解不同种类的植

物，学习要准备怎样的土壤才能让植物长得更好。种植时，可以将水果和蔬菜种在一起，方便作比较。

在平时，可以引导孩子收集一些自然材料，这些材料在各个领域的活动中能延伸出无数的创意，被艺术化地使用。例如，在一场以"我们的自然"为主题的表演活动中，自然材料可以用来制作道具或讲故事；小树枝可以用来制作玩具人偶的小木筏，在这个过程中，孩子们要对树枝进行测量和切割，并把树枝连接在一起，还必须弄清楚木筏怎样才能浮在水面上。据此而延伸出的关于水的话题又可以开展多种实验，孩子可以从中了解水的一些特性。

显而易见，看似简单的问题能引发令人兴奋的活动，甚至是更庞大的实践项目。做好活动准备并提供所有必要的材料是十分重要的。

孩子当前的兴趣也应该在环境中体现出来，纪实类书籍、百科全书、海报或有声读物应伴随活动的开展进行调整，这会激发孩子对新话题的好奇心。同时，也需要各种各样的科学实验材料，孩子可以用这些材料自主开展实验。

自然和科学活动的实施

身处大自然获得的直接经验，以及从书籍、海报或视频中间接获得的知识，能帮助孩子更接近大自然。孩子在自然环境中漫步时，在森林远足中，可以探索动物和植物的世界，收集、研究和创造性地使用自然材料，能观察不同季节和不同天气下不同的自然现象。教师还可以组织孩子在幼儿园之外的地方（如当地的社区、博物馆、农场或花园等）进行探索。

实施自然和科学活动需要做好充分准备，活动大致可以分为四个不同的阶段：计划、准备、实施和反思。其中，实施和反思这两个阶段是同时进行且互为补充的。

计划

在这个阶段，孩子提出的问题是关键。教师应以孩子的兴趣为基础，试着将孩子提出的问题整合到当前的主题中，并开展适当的活动。活动需要用到的书籍、有声读物、海报或其他材料，教师要有所准备；要研究活动或实验原理，并作出最后的选择；教师还要确定孩子所需要掌握的技能和教学需要实现的目标。整个计划都应以书面形式记录下来。

准备

活动材料和所需的环境都必须提前准备或设计，整个活动必须经过仔细考量，以便应对可能出现的问题。教师应事先对活动或实验进行测试，以此决定参与的孩子的人数，以及活动合适的时间和地点。

实施

活动一开始,教师就和孩子一起讨论活动中需要什么材料。在活动过程中,教师应通过具体的问题推动孩子的学习过程,并将孩子的注意力吸引到材料的特征和细节上。

反思

教师与孩子一同讨论活动中的心得体会:孩子从中得到了什么启示?还有什么问题是孩子想要弄清楚的?为什么有些材料没有起作用?物质的状态是如何改变的?等等。教师还应反思活动计划和实施的完成度:有什么地方下次可以改进?材料的质量够好吗?材料的数量充足吗?预设的活动目标是否完成?这项活动适合什么年龄的孩子?哪些材料还可以加入,以便推进孩子的研究等。

自然和科学活动的记录

为了留存孩子对自然的体验,也为了给后续的讨论做好准备,孩子的体验和活动过程都应该被记录下来。这些可以共享的内容能用于活动或实验的反馈,在后续的活动中也能用到。

海报

每个小组的一个孩子会随身携带数码相机或平板电脑,每隔一定时间进行拍照。活动后,孩子们一同观看照片,并将选中的照片打印出来。孩子们和教师一起用活动照片设计海报。

鼓励孩子们用自己的语言描述活动,教师要记录下这些内容。此外,教师还应该将活动背景及活动能促进孩子某方面的能力记录其中。

照片

活动时,孩子可以用平板电脑拍照,活动后大家共同对拍摄的照片进行浏览和选择。孩子们可以自己在平板电脑上整理照片,并添加其他的符号或字符。教师可以在剪辑过的照片上注明活动内容,最后将照片打印出来。

视频

　　一台平板电脑和一个合适的应用程序可以帮助孩子创作一个关于某项活动的视频。孩子可以使用自己的照片和图画来创作视频,并为视频配音,所以活动中需要定期拍照或用图画记录活动的过程和结果。活动完成后,孩子可以先在应用程序中选择适合的一个或多个背景,然后按照正确的顺序插入照片或图画,放置到选定的背景上,这样活动过程就可以呈现在大家面前。视频中还可以加入孩子的配音,对当前内容进行解释;在配音的过程中,孩子对活动进行描述,从而逐步提高语言表达能力。制作视频的过程,是孩子学习如何用多张图片创作出连贯视频的过程。

绘制活动图画

另一种记录活动的方法是在活动过程中或者活动之后绘制图画,这种方法也更适合学前儿童。孩子可以使用艺术的表现手法描述活动的每个步骤,或者在活动结束时画出结果。教师在此过程中陪伴孩子,并通过提问引导孩子感知及艺术地表现出各种细节,最后再为图画写上标题。如果孩子是根据记忆绘制活动图画的,之后还可以再次进行实验,以检验图画是否反映了实际情况。

无论选择何种方法进行记录,记录结果都应该向其他孩子或家长展示,以便一同讨论。孩子也可以借助海报、照片或活动图画来举办一个小小的展览。在活动记录中,孩子提出的问题以及最终探索而来的解答也应该分享给家长。

项目手册

还有一种方法是使用项目手册来关注孩子的学习经验。培育蝴蝶、观察植物生长等项目需要较长的时间,这时候可以鼓励孩子使用项目手册进行记录。孩子每天做好记录,并尝试使用图画或其他形式描述细节。项目完成后,孩子还可以借助项目手册来重新回顾整个项目的研究过程。

"我们建议教师仔细观察孩子在这些环境中创作的图画,并耐心倾听他的解释和描述。从中可以了解到孩子如何思考、学到了什么,以及他自身发展所处的位置。接下来,教师就能更容易地为孩子制订下一个挑战了。"[1]

---

[1] Bostelmann, A. & Engelbrecht, C. (2016). *So gelingen spannende Bildungsprojekte im Kindergarten – Eine Schritt-für-Schritt-Anleitung*. Berlin: Bananenblau. S. 24.

让自然和科学活动充满活力的材料

自然材料
- 木片
- 橡子壳
- 树枝
- 蜗牛壳
- 贝壳
- 不同种类的松果
- 不同种类的树叶
- 栗子
- 橡子
- 干橙片或干柠檬片
- 沙子
- 树皮
- 各种香料

基本的实验设备
- 托盘
- 平板电脑
- 不同尺寸的量勺
- 量筒
- 量杯
- 滴管
- 漏斗
- 喷雾瓶
- 注射器（不带针头）
- 筛子
- 沙漏瓶
- 压花机
- 放大镜和放大镜杯
- 昆虫盒
- 培养皿
- 镊子
- 温度计

实验材料

- 吸管
- 气球
- 洗洁精
- 滤纸
- 小圆蜡烛
- 食用色素
- 锡纸
- 回形针
- 棉质垫片
- 多光谱薄片
- 手电筒

辅助材料

- 羊毛线
- 剪刀
- 火柴盒
- 扭扭棒
- 厨房纸巾
- 黏土
- 双面胶带
- 水溶性黑色笔
- 细绳
- 空的黑色塑料瓶
- 红、黄、蓝三种单色塑料片

技术支持

- 可以连接平板电脑的显微镜头
- 可以连接平板电脑的蛇形管内窥镜
- 打印机
- BeeBot 启蒙编程机器人
- 相应的一些应用程序

探索生机勃勃的大自然

大自然中有关于动物和植物的基本知识。孩子们可以从中了解动物和植物的生存条件和栖息地等信息，获得与动物和植物打交道的经验，比如学习如何照顾某种植物。他们学着将不同的动物和植物进行分类，并了解它们是如何繁衍和延续生命的。

孩子们可以在农作和园艺方面付诸实践，获得种植、收获和加工各种水果和蔬菜的实际操作经验。教师还可以鼓励孩子们在幼儿园里饲养一些动物。

在大自然中散步、去森林远足和在花园里玩耍等方式同样可以让孩子们进行探索学习，他们收集各种自然材料，并了解它们的属性和特点。

橡子壳的记忆游戏

橡子是什么？它们生长在哪里？能用橡子玩什么呢？橡子可以食用吗？

活动条件

- 活动应该以小组形式进行。
- 孩子已经具备良好的精细动作技能。
- 孩子已经认识一些颜色。

活动准备

- 约 20—40 个橡子壳，很细的画笔，各种颜色的颜料，一个颜料盘和一个盛水的容器。
- 橡子壳可以让孩子提前在花园散步时收集，也可以教师提前购买。

活动实施

- 在活动一开始，请孩子对每种材料进行讨论。
- 教师解释这个记忆游戏的活动过程，并请孩子思考该如何开展这个游戏。
- 孩子一起讨论做多少对橡子壳，分别使用哪些颜色。
- 根据孩子的年龄，教师可以控制橡子壳的数量，即给小年龄孩子的橡子壳数量要少一些。
- 给一对（2个）橡子壳的内部涂上相同的颜色。仔细涂抹，确保从外面看不到颜料。
- 当颜料干透之后，游戏就可以开始了。
- 把橡子壳排成一行。
- 孩子找出内部颜色相同的橡子壳，并说出颜色的名称。
- 在游戏中，教师可以引导孩子讨论橡子是什么，它们在哪里生长。

孩子们能学到什么

- 了解自然材料及其特点。
- 学习自己制作游戏材料。
- 了解并遵守游戏规则。
- 仔细地观察和感知。
- 认识颜色,并能准确说出一些颜色的名称。
- 发展精细动作技能。

活动拓展

- 除了填涂不同的颜色,还可以在橡子壳的内部写上数字,并进行配对游戏。这需要非常好的精细动作技能,孩子在游戏过程中还可以学习数字。

- 此外,还可以进行简单的数学运算。可以设定一些小任务,比如"寻找两个相加等于 4 的橡子壳"等。

大自然的配对游戏

自然材料有哪些？它们来自哪里？自然材料可以用于手工制作和游戏吗？

活动条件

- 活动应该以规模较小的小组形式进行。
- 孩子已经具备良好的精细动作技能。

活动准备

- 小盒子（比如火柴盒，数量取决于记忆游戏的难度），装进盒子里的材料（玉米粒，丁香，木片，月桂叶，八角，橙子片，橡子，海星，胡椒粒等），如果需要，还可以准备装饰盒子的颜料。
- 装进盒子里的各种材料可以提前让孩子在花园散步时收集。

活动实施

• 一开始,把所有的材料都放在小碗里,孩子可以看,可以闻,也可以摸。

• 大家一起讨论各种材料的特点。

• 教师解释这个游戏的活动过程,并请孩子考虑如何开展这个游戏。

• 孩子共同讨论使用多少组配对的材料,并决定用哪些材料。

• 保证每个小盒子的外观是一样的,把需要配对的材料隐藏其中。

• 开始游戏,孩子对装有同一种材料的小盒子进行配对。

• 在游戏过程中,教师引导孩子对各种材料进行讨论,巩固相关经验。

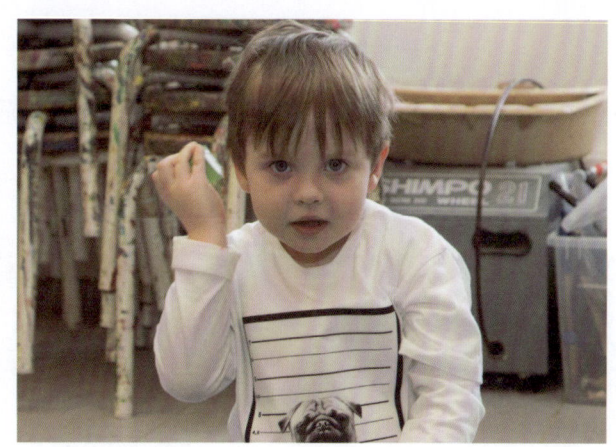

孩子们能学到什么

- 了解各种自然材料。
- 学着自己制作游戏材料。
- 了解并遵守游戏规则。
- 仔细地观察和感知。
- 发展精细动作技能。

活动拓展

- 将材料固定在小盒子内部，然后进行排列组合。
- 鼓励孩子根据小盒子内材料的重量和摇晃时发出的声音来猜测哪些小盒子是成对的。

自然的故事

哪些自然材料可以用来讲故事？关于蜗牛壳、石头或树叶，我们知道些什么？大自然告诉了我们什么？

活动条件
- 孩子能用语言表达自己的想法和想象。
- 孩子能说出一些自然材料的名称。

活动准备
- 在日常散步时，孩子可以提前收集一些自然材料。
- 如果需要，可以准备其他用于讲述故事的材料。

活动实施

• 孩子围坐在一起,将收集到的所有自然材料放在中间,大家对每种材料进行讨论。

• 每个孩子从中选取一种材料。

• 教师引导孩子一起思考故事可能发生的地点(例如在森林还是在水中)。

• 由孩子自己决定从谁开始编讲故事。

• 第一个孩子以"从前……"的句式开始编讲故事,下一个孩子续编,并加入自己选择的自然材料元素,以此类推。最后,将故事中讲述到的自然材料,放置在大家的中间。

• 当所有的孩子都讲述完,故事就结束了。

• 大家尝试复述和记录这个故事。

• 根据孩子的年龄,教师可以控制参与活动的人数,讲述故事的顺序。

孩子们能学到什么

- 了解自然材料的特点。
- 积极主动地倾听。
- 发展想象力(虚构故事)。
- 发展认知能力(概括故事)。
- 发展语言表达能力。
- 在众人面前讲话的勇气。
- 了解并遵守活动规则。

活动拓展

- 即便是一个耳熟能详的故事,也可以重新编讲。活动的难点在于故事中出现的自然材料(例如蜗牛壳)必须提前准备好,因而这个活动必须做好充分的准备,以便孩子能够识别各种自然材料。

- 活动中可以加入一些日常用品,用以辅助故事的发展。

- 教师可以引导孩子事先设想故事的大概情节,然后再去寻找所必需的自然材料。

自然的另一种方式

视频是如何讲述故事的呢？我们如何将其他元素融入到我们的故事中？什么是绿幕？

活动条件

• 最多3—4个孩子参加这个活动。

• 孩子能用语言表达自己的想法和想象。

• 孩子能说出一些自然材料的名称。

• 孩子有使用平板电脑，在互联网上搜索图片的经验。

活动准备

• 平板电脑，应用程序Green Screen by Do Ink，各种自然材料，几片绿叶。

• 孩子在散步时，应提前收集一些自然材料。

• 孩子事先熟悉应用程序的使用方法。

活动实施

• 教师向孩子解释这个活动，并请孩子考虑哪些自然材料可以用来讲述故事。

• 讨论故事的背景，例如是太空、海滩还是高山等。

• 孩子在互联网上搜寻背景图片，并将其保存到平板电脑上。

• 孩子用绿叶覆盖桌面上的一片区域，将这个区域作为绿幕。在绿叶上放置一些自然材料。

• 打开应用程序 Green Screen by Do Ink，插入选定的背景图片，此时孩子拍摄绿幕区域的自然材料，应用程序能自动剪辑出特殊背景下的照片和视频。

• 孩子一边编讲故事，一边拍摄，结束后，大家一起观看拍摄的照片或视频。

• 绿幕和绿屏抠像技术应该在活动过程中慢慢地、一步步地解释给孩子。

• 在此背景下，教师还可以引导孩子讨论如何以这种方式处理其他照片或视频。

孩子们能学到什么

- 了解自然材料的特点。
- 发展想象力（虚构故事）。
- 发展认知能力（策划故事的发展进程）。
- 使用平板电脑，初步了解一项图像加工技术。
- 对照片和视频进行批判性评价。

活动拓展

- 活动中可以加入一些日常用品作为辅助材料，也可以用绿色的纸代替树叶作为绿幕。
- 引导孩子讨论还有哪些地方可以使用现有的自然材料，合适的背景可以是什么样的。

森林里的黏土画

如何使用自然材料来创作图画？什么是黏土？它能用来做什么？黏土在自然界中存在吗？

活动条件

- 这项活动可以融入日常散步或"森林日"等活动中。
- 孩子熟悉远足的一般规则和相应的交通规则。

活动准备

- 黏土和自然材料。
- 孩子在散步、远足的过程中收集各种自然材料。

活动实施

- 在日常散步时,教师展示黏土,引导孩子熟悉黏土的质地和特点。
- 教师引导孩子思考如何用黏土装饰树木。
- 孩子收集各种自然材料,用果实、花朵、苔藓或叶子来装饰树木,并将黏土当作"黏合剂"。
- 鼓励孩子尽情发挥创造力,单独或组队装饰树木。
- 还可以尝试用自然材料在黏土上写下名字,或其他对孩子来说很重要的词语。
- 用照片或视频进行记录。

孩子们能学到什么

- 了解自然材料的特点。
- 发展创造力和想象力。
- 了解一种艺术形式。

活动拓展

- 活动也可以在花园里进行,为夏季派对做装饰。
- 尽可能寻找各种自然材料,尽可能使得每种材料都有更多的可用数量。为孩子提供一些可参照的简单范例。

借助木片进行比赛

什么是树？树的里面有什么？如何将木片用于游戏？如何借助木片穿过一片草地？

活动条件

• 该活动两人一组展开。
• 孩子具有一定的平衡能力。

活动准备

• 直径为 20—30 厘米的木片若干，纸，各种颜色的铅笔；如果需要的话，还可以准备起点线和终点线。
• 木片的直径大小可根据孩子的年龄进行调整。
• 根据孩子的人数，还可以准备更多的木片。
• 注意两队的间距。

活动实施

• 请孩子围坐在一起,教师讲解活动内容、必要的游戏规则和相关材料。

• 教师还需要解释什么是树,树由什么组成,以及什么是木切片。

• 和孩子一起准备比赛路线,确定起点和终点。

• 孩子通过抽签的方式来组建队伍。

• 孩子抽签并找到他的队友。

• 比赛中孩子两人一组,一人摆放木片,一人跑动。在第二轮比赛中,双方可以交换角色。

• 跑动的孩子必须站在木片上,从第一个木片跨到第二个木片上。根据木片的大小,孩子可以单脚或双脚站立在木片上。

• 队友负责把踩过的木片移动到路线前方,循环往复。

• 孩子到达终点时,游戏结束。

孩子们能学到什么

- 发展粗大动作技能。
- 发展合作和社交技能。
- 促进数学能力的发展（长度估计）。
- 了解并遵守活动规则。

活动拓展

- 教师向孩子介绍，树木的年龄可以用年轮来确定。因此，计算出年轮，树龄也就明确了。孩子也可以使用显微镜或放大镜来观察年轮。
- 除了木片，大的树叶也可以用来开展这个活动。

木头上的肥皂泡

什么是肥皂泡?肥皂泡是如何形成的?能用木切片来制造肥皂泡吗?

活动条件

活动应该以小组的形式开展。

活动准备

- 一片或多片木切片,装在小碗里的洗洁精,注射器(不带针头)。

65

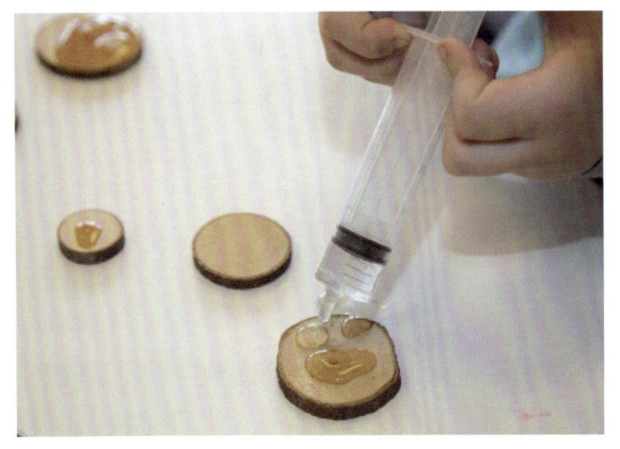

活动实施

- 教师和孩子讨论什么是肥皂泡以及如何制造肥皂泡,请孩子说说已有的相关经验。
- 教师依次展示每种材料。
- 组织孩子讨论什么是洗洁精,它由什么组成。大家一起思考如何用这些材料制造肥皂泡,并一一尝试。
- 教师解释整个活动的过程。
- 孩子用注射器抽取一些洗洁精,再注射在木片的一侧。
- 孩子从木片的另一侧用力吹。注意:洗洁精只能用在木片的一侧!
- 引导孩子观察发生了什么。
- 改变洗洁精的量或木片的种类,来测试一下结果是否有变化。
- 记录结果并与孩子展开讨论。

孩子们能学到什么

- 了解各种自然材料的特点。
- 了解水分和营养物质在树干中是如何运输的。
- 提高嘴部肌肉的控制力。
- 仔细地观察和感知。

活动拓展

- 用这一方法在树叶、橘子片或树皮等其他材料上制造肥皂泡。一起讨论结果，并看看哪些材料是好用的，哪些材料是不见效的。

盒子里的大自然

如何使用自然材料装饰盒子？什么是双面胶带？小小的自然材料有哪些？

活动条件
• 这项活动可以与日常散步或"森林日"等活动相结合。
• 孩子熟悉远足的一般规则和相应的交通规则。

活动准备
火柴盒（每个孩子一个），双面胶带，剪刀和自然材料。

活动实施

• 给每个孩子一个空的火柴盒和一些双面胶带。

• 孩子用火柴盒来测量他需要多长的双面胶带。

• 把双面胶带粘在火柴盒的外面。注意:此时别将双面胶带另一侧的保护膜撕下。

• 在散步或远足的过程中,孩子可以收集小小的自然材料,并将它们存放在火柴盒内。

• 最后,把火柴盒内的自然材料放在地上,撕去火柴盒上双面胶带的保护膜,在地面上转动火柴盒,让自然材料粘在双面胶带上。

• 回到活动室后,大家围坐在一起。

• 孩子依次展示自己的火柴盒,并讲述收集自然材料过程中的故事。

• 教师要注意引导,始终将讨论的主题围绕在自然材料及其特点上。

孩子们能学到什么

- 了解自然材料的特点。
- 发挥创意(装饰火柴盒)。
- 发展语言表达能力。
- 在众人面前讲话的勇气。
- 发展精细动作技能。
- 发展数学能力(测量)。
- 了解并遵守活动规则。

活动拓展

- 给孩子布置特定的收集任务：如一些孩子收集黄色的自然材料，另一些孩子收集绿色的自然材料；收集属于某棵树或某一类植物的材料等。可以有无数的变化。

- 孩子可以讲述自己的发现，尽情发挥创造力装饰火柴盒。

树枝上的自然

公园或森林里有哪些自然材料？该怎么把它们带回家或送到幼儿园？这些发现背后有什么故事？

活动条件

- 这项活动可与日常散步或"森林日"等活动相结合。
- 孩子熟悉远足的一般规则和相应的交通规则。

活动准备

- 剪刀，羊毛线，树枝（长度在30厘米以上）和其他自然材料。
- 树枝和其他自然材料可以在散步时提前收集。

活动实施

- 在散步时，教师向孩子解释该活动。
- 请孩子选择长度合适的树枝。
- 将羊毛线系在树枝上。孩子可以自己剪羊毛线，也可以找人帮忙。
- 每个孩子可以自行决定系在树枝上的自然材料及其数量。
- 教师引导孩子讨论哪些材料不适用（如有的自然材料有毒）。
- 回到活动室后，大家围坐在一起进行讨论。
- 孩子向大家展示自己的树枝作品，并讲述自己散步时的故事。
- 教师引导时需注意，始终将自然材料及其特点作为讨论的主题。

孩子们能学到什么

- 了解自然材料的特点。
- 发挥创意（装饰树枝）。
- 发展语言表达能力。
- 在众人面前讲话的勇气。
- 发展精细动作技能。
- 了解并遵守活动规则。

活动拓展

- 回到活动室，这些树枝还可以进行艺术性的再设计，最终成为一件可以在家长面前展示的个人艺术作品。

- 在远足、团队旅行或其他活动中，可以使用一根大树枝，团队共同装饰。回到活动室后，可以利用一段比较长的时间请所有孩子共同装饰这根大树枝，并在学期末的分享会上讲述它的故事。

筑巢

鸟吃什么？哪些动物会捕食鸟类？为什么有些动物会使用伪装？

活动条件

- 这项活动应与日常散步或"森林日"等活动相结合。
- 活动分几个小组进行，每个小组有3—6个孩子。

活动准备

- 20根小树枝（长度为10—15厘米）、多种颜色（红色、蓝色、绿色和棕色）的扭扭棒。
- 在活动开始前，用一种颜色的扭扭棒将5根小树枝缠绕起来，藏在指定区域，这些小树枝在活动中代表毛毛虫和蠕虫。
- 选择一块有许多小树枝的草地或林地开展活动。

活动实施

- 教师向孩子说明活动内容、必要的活动规则和活动所需的材料，并划定活动区域。
- 每3—6个孩子组成一个"鸟类家庭"（如百灵鸟、画眉或其他雀类）。
- 每组孩子合作用树枝为自己的"鸟类家庭"筑巢，"鸟巢"要大到足够容纳组内的所有孩子。
- 孩子共同商量并确认各自扮演什么角色（如鸟妈妈，鸟爸爸，鸟宝宝）。
- "鸟宝宝"坐在"鸟巢"里，"鸟爸爸""鸟妈妈"要寻找食物——"毛毛虫和蠕虫"，同时，还要照看好"鸟宝宝"。
- 教师扮演吃小鸟的野生动物（如蛇）。
- 教师一次又一次地试图靠近"鸟巢"，偷走"鸟宝宝"（轻轻地触摸"鸟宝宝"，然后"鸟宝宝"必须离开"鸟巢"）。
- 最后，引导孩子评估哪些颜色的"毛毛虫和蠕虫"很容易找到，哪些颜色的不容易找到。

孩子们能学到什么

- 了解鸟类和捕食鸟类的动物的行为习性。
- 发展社会交往技能（合作、配合与协商）。
- 了解并遵守活动规则。

活动拓展

- 大年龄的孩子也可以扮演捕食鸟类的野生动物。
- 在此活动背景下，引导孩子思考并讨论为什么动物要使用伪装。

美好的自然

植物长得有多快?豆子能变成植物吗?应该如何照料植物?

活动条件

• 孩子已经熟悉各种记录方法。

• 实验需要持续若干天。

活动准备

• 三个透明的塑料杯或塑料碗,棉垫,生的豆子,水和土壤。

• 提供一个高架种植床,或在花园里种植豆类。

活动实施

- 逐一提供材料,供孩子仔细观察和讨论。
- 教师向孩子解释这个活动,并提醒孩子注意这是一个观察和记录植物生长周期的过程。教师还可以顺势向孩子介绍项目手册的作用和使用方式。
- 孩子按如下方法在每个塑料杯中放置相应的物品:第一个杯子里放一颗豆子,第二个杯子里放一颗豆子和一些水,第三个杯子里放一颗豆子和一块湿的棉垫。
- 教师组织孩子讨论每个杯子里都会发生什么,哪个杯子里的豆子会发芽?
- 大家一起拟定假设,三颗豆子中的哪一颗会发芽,并记录在项目手册中。
- 引导孩子用几天时间观察豆子的生长情况。
- 孩子每天观察和记录豆子的生长过程。

孩子们能学到什么

- 了解植物的生长过程。
- 了解种植和养护植物的知识。
- 提出假设并记录观察过程和观察结果。
- 仔细地观察和感知。

活动拓展

- 可以将发芽的豆子与一些土壤一同放入可密封的袋子中，将袋子贴在窗户上，并在袋子上贴上种植者的名字。定期浇水，观察会发生什么。
- 鼓励孩子测试不同种类的豆子的生长条件和生长过程。

显微镜下的自然

显微镜是什么？树叶在显微镜下是什么样的？当只能看到放大的局部时，孩子还能认出自然材料是什么吗？

活动条件

- 孩子知道并能说出一些自然材料的名称。
- 孩子有使用平板电脑的经验。
- 每个组最多有 3—4 个孩子。

活动准备

- 一个或多个配有外接显微镜头的平板电脑，且平板电脑与打印机连接，各种自然材料，放大镜和剪刀。
- 孩子可在散步时提前收集各种自然材料。
- 孩子熟悉平板电脑外接显微镜头的使用方法。

活动实施

• 教师向孩子展示显微镜头，介绍它的功能。

• 组织孩子讨论，如何使用显微镜头让自然材料的细节清晰可见。也可以使用放大镜试一试。

• 孩子在活动室内试着用显微镜头观察各种物品。

• 孩子通过显微镜头观察自然材料的表面并拍照。在这个过程中要注意许多细节，例如叶脉的纹理等。

• 通过显微镜头对所有的自然材料进行观察和拍照。

• 每组由一位孩子对照片进行剪辑处理，并打印。

• 孩子将各自拍摄的照片从打印纸上剪下来，连同自然材料一起，开展集体讨论。

• 孩子试着将照片与相应的自然材料对应起来。

• 最后，再次使用显微镜头，用于验证照片与自然材料的配对是否准确。

孩子们能学到什么

- 了解各种自然材料的特点。
- 自己制作游戏素材。
- 运用新技术的能力（使用外接显微镜头）。
- 发展精细动作技能（剪）。
- 仔细地感知和观察。

活动拓展

- 将正常拍摄的物品照片打印出来，这样就能与显微镜头拍摄的照片一起，玩配对游戏。引导孩子观察细节，对照片进行配对。
- 鼓励孩子仔细观察自然材料的细节，并尝试把它们画出来。

谁住在树洞里

动物可以生活在哪里？树洞里藏着什么？怎样才能看到树洞里的东西呢？

活动条件

- 这项活动可与日常散步或"森林日"等活动相结合。
- 孩子熟悉远足的一般规则和相应的交通规则。
- 最好有足够多的蛇形管内窥镜，以便有更多孩子参与。

活动准备

- 一个或多个蛇形管内窥镜。
- 孩子提前熟悉蛇形管内窥镜的使用方法。
- 注意：小心自然环境中的黄蜂洞。

活动实施

- 教师引导孩子思考：在地洞、树洞或大自然的其他可藏身之处中，可能躲藏着什么动物。
- 鼓励孩子对这些地洞、树洞是如何形成的进行假设，并猜想洞里可能住着什么动物。
- 向孩子解释任务，展示蛇形管内窥镜是如何工作的。
- 孩子熟悉蛇形管内窥镜的使用方法。
- 孩子自由探索，寻找大自然中不同的洞。
- 孩子用蛇形管内窥镜来观察洞里有什么。
- 蛇形管内窥镜连接一个屏幕，这样孩子就可以在屏幕上看到洞的内部。
- 孩子用蛇形管内窥镜拍照，并记录自己的发现。
- 回到活动室后将照片打印出来，大家围坐在一起共同观赏，讨论在照片中看到了什么，验证之前的猜想是否准确。

孩子们能学到什么

• 观察、感知和探索富有生命力的自然。

• 了解一些与栖息地相关的基本知识。

• 运用新技术的能力。

• 发展专注力。

• 巩固规则意识。

活动拓展

• 可以用这种方法对昆虫进行更仔细的观察和分析。

• 可以从不同水域采集水的样本,并借助蛇形管内窥镜观察水中有什么。

四维的动物

世界上有哪些动物，它们分别长什么样？它们有多大？一幅动物的画能被移动吗？

活动条件

• 孩子有使用平板电脑的经验。

• 最多3—4个孩子为一组，每组有一台平板电脑。

活动准备

• 一台或多台平板电脑（安装有应用程序 Fancy Zoo），相应的认知图卡。

• 孩子提前熟悉应用程序 Fancy Zoo 的使用方法。

• 活动可以整合到一个合适的主题中，例如"森林中的动物""昆虫世界""水中的动物"等。

• 提供有动物知识的百科全书、视频等资料。

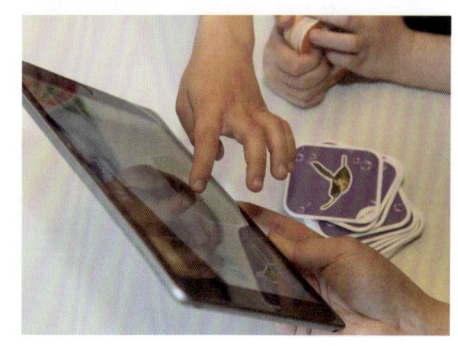

活动实施

• 教师和孩子一起展开讨论：有哪些动物生活在森林里？森林里有哪些昆虫？有哪些动物生活在海里或湖里？

• 选取一张认知图卡，把它放在桌子上。请孩子打开应用程序 Fancy Zoo，扫描认知图卡。

• 平板电脑的屏幕上会出现一个四维的动物，也就是说，除了是三维图像外，它还可以移动。

• 在此背景下，引导孩子讨论什么是维度（二维、三维、四维）。

• 孩子可以在屏幕上从各种角度观察动物，了解动物之间有什么相似和不同之处。

• 组织孩子一起讨论这些发现，并尝试记录下来。

孩子们能学到什么

- 了解一些动物的外形特征及其生活环境。
- 理解"多维度"。
- 运用新技术的能力。
- 仔细地感知和观察。

活动拓展

- 为某个动物绘制图画,尽可能让动物看起来很逼真,并且从各种角度进行绘画。
- 尝试制作某个动物的三维模型。

冬季的动物

哪些动物在冬天会很活跃？机器人是什么？编程后程序是如何工作的？

活动条件
- 活动以小组的形式进行。

活动准备
- BeeBot 启蒙编程机器人，一个有 24 个口袋的透明地垫，用于搜索图片的互联网，打印机，纸和剪刀。
- 打印 24 张不同动物的图片（包括冬季候鸟、夏季候鸟、不冬眠的动物、冬眠的动物等），剪裁后分别放进透明地垫的口袋里。
- 提供有动物知识的百科全书、视频等资料。

活动实施

- 教师不需要提前解释启蒙编程机器人的功能，孩子可以在活动中边玩边学。
- 在地垫中放入不同动物的图片，将启蒙编程机器人放置在地垫上。
- 教师向孩子解释这个活动，并与孩子简单讨论在垫子上看到了哪些动物。
- 选取地垫上的某个动物，孩子学习如何让启蒙编程机器人移动到这个动物上面。
- 孩子输入相应的指令（比如直走2步，左转1步，再直走2步），启蒙编程机器人就会向对应的位置驶去。
- 如果启蒙编程机器人未到达设想的位置，可以从新的起点再次设定指令。
- 当启蒙编程机器人到达设想的位置时，孩子要说出这个位置的动物的名称，并说说这个动物冬天里会有怎样的行为。
- 轮到另一个孩子选取某个动物，操作启蒙编程机器人，以此类推。

孩子们能学到什么

- 了解冬天里动物会有怎样的行为。
- 运用新技术的能力（简单编程）。
- 发展空间感知能力。
- 发展认知能力（规划路线）。
- 发展数学能力。

活动拓展

- 地垫中的图片可根据不同主题进行调整：还可以有"卵生动物""鸟类""水中的动物"等。

- 活动也可以以其他方式进行：教师问与某个动物相关的问题，知道答案的孩子操作启蒙编程机器人行驶到相应的动物处。

探寻大自然中的不同物质

大自然中包含了许多不同的物质：水、土、空气、火等。鼓励孩子探索这些物质的属性和状态，比如水有气态、液态和固态，让孩子认识到物质的状态是可以变化的。

　　向孩子介绍关于地球、海洋、河流和山脉的知识，孩子对水循环和常见的天气现象很感兴趣，他们对宇宙和行星也有强烈的好奇。

　　在实验中教师与孩子讨论力的存在，关于声、光、影、电、磁和水的简单实验也可以帮助孩子理解世界。在相同的条件下，某些现象可以重复出现。

水之山

水能堆起来变成山吗？水是怎么进入滴管的？

活动条件

- 这项实验开展时，小组人数要少一些。
- 孩子具有良好的精细动作技能。

活动准备

- 一个托盘，一个盛水的量杯，几根滴管，各种硬币和厨房纸巾。
- 孩子提前试用实验材料，熟悉各种材料。

活动实施

• 一开始,将所有的实验材料都放在托盘上,教师与孩子讨论每种材料。

• 教师向孩子解释实验,并与孩子讨论在实验过程中可能发生的情况。

• 请一个孩子在量杯中装满水,并把量杯放在托盘旁边。

• 孩子尝试使用滴管。

• 把一枚硬币放在托盘上。

• 孩子用滴管把水滴到硬币上,水能在硬币上一滴一滴堆起来。

• 教师引导孩子讨论发生了什么,鼓励孩子提出自己的假设。

• 用不同的硬币和不同的滴管进行不同的实验。

• 孩子可以数数,例如,不同的硬币上分别有多少滴水。

• 问问孩子,滴管所滴的每一滴水,水量是否总是一样的?水滴可以称重吗?

• 鼓励孩子尝试记录实验结果并进行比较。

孩子们能学到什么

- 初步了解水的性质和特点。
- 初步了解相关的科学知识。
- 提出假设，用科学实验进行验证。
- 发展精细动作技能（用滴管取水）。
- 发展数学能力（计数）。
- 仔细地观察和感知。

相关的背景知识

将水滴在硬币上，水滴之间会相互吸附。水有表面张力，因而，硬币上的水滴与水滴能吸附在一起。当水的表面张力不足以承载水的重量时，水就会溢出。

纸水管

有纸制的水管吗？水只能通过管道进行输送吗？毛细管是什么？水能克服重力吗？纸的结构是什么？它是如何制成的？

活动条件

- 实验需要花费几个小时。
- 确保孩子有充足的在园时间。

活动准备

- 托盘，水，厨房纸巾，两个透明塑料杯，食用色素，一把尺。
- 这个实验也可以在没有食用色素的情况下进行，但使用食用色素后会使水的路径更加清晰可见。

活动实施

- 一开始,将所有实验材料都放在托盘上,教师与孩子讨论每种材料。
- 教师向孩子解释实验,并与孩子讨论在实验过程中可能发生的情况。
- 请一位孩子在一个塑料杯内装满水,并添加一些食用色素。
- 将这个装满水的塑料杯和另一个空的塑料杯都放在托盘上。
- 孩子将一张厨房纸巾对折再对折,直到折成约 3 厘米宽的一条长条(厨房纸巾需要均匀折叠,由孩子独立测量所需宽度)。
- 将厨房纸巾条放在两个杯子上,纸条的两端分别连接两个杯子,就如一座桥(其中一端要放入水中)。
- 教师与孩子讨论会发生什么,孩子可以提出自己的假设。
- 观察两个杯子里的水位在接下来的几个小时里是如何变化的,并做好相应的记录。

孩子们能学到什么

- 初步了解水的性质和特点。
- 初步了解相关的科学知识（毛细管作用）。
- 提出假设，用科学实验进行验证。
- 发展精细动作技能（折叠）。
- 发展数学能力（测量）。
- 仔细地观察和感知。

相关的背景知识

大约半小时后，空杯子里就会有水。几个小时后，就能看到两个杯子中的水基本持平。厨房纸巾是由纤维构成的，纤维之间有空洞，这些空洞非常细长。毛细管作用使得水在这些空洞中上升，厨房纸巾因此充当了水管，起到了运输的作用。

笔下的彩色世界

颜色是由什么构成的？黑色中真的就只有黑色吗？颜色能溶解吗？

活动条件

- 开展这项实验时，小组人数要少一些。

活动准备

- 托盘，量杯，水，滴管，各种水溶性黑色笔，白色圆形滤纸和圆形瓶盖。
- 这个实验也可以用其他颜色的笔。建议先从黑色开始，然后尝试其他颜色，最后进行分析。

活动实施

- 将所有的材料都放在托盘上,并与孩子讨论每种材料。
- 教师向孩子解释实验,并与孩子讨论在实验过程中可能发生的情况。
- 孩子用黑色笔在白色圆形滤纸中间画一个小图案。
- 将圆形瓶盖放在托盘上,开口朝上。
- 将画好图案的圆形滤纸平铺在瓶盖内。
- 请一位孩子在量杯中装满水,并把量杯放在托盘上。
- 用滴管取水,将水滴在画有图案的圆形滤纸上,只需几滴就能达到预期的效果。
- 引导孩子观察发生了什么,图案是如何变化的。
- 教师引导孩子讨论为什么纸上的颜色会变,出现了哪些颜色,并一起尝试提出假设。
- 用不同颜色的笔进行实验并记录实验结果。

孩子们能学到什么

- 初步了解颜色的构成。
- 初步了解水的性质和特点。
- 提出假设,用科学实验进行验证。
- 发展精细动作技能。
- 仔细地观察和感知。

相关的背景知识

　　黑色的墨水通常由不同颜色的墨水混合制成,水会以不同的程度溶解不同的颜色。如果墨水的水溶性较好,墨水溶解的痕迹会延展到滤纸的边缘位置;如果墨水的水溶性较差,墨水渗入滤纸的范围会小一些。

太阳加热的温水

太阳有什么能量？为什么阳光给人温暖的感觉？水是如何被加热的？

活动条件

- 实验必须在晴天开展。
- 实验需要花费几个小时。
- 确保孩子有充足的在园时间用于观察。

活动准备

- 三个空的黑色塑料瓶（如沐浴露用完后剩下的瓶子），一个测水温的温度计，水。
- 实验可安排在春末初夏或夏天，阳光较好的时候。

115

活动实施

- 教师组织孩子对每种实验材料进行讨论,重点关注温度计,它由什么材料制成,以及用它来测量什么。
- 教师向孩子解释实验,并与孩子讨论在实验过程中可能发生的情况。
- 孩子在三个黑色塑料瓶中装满水,并测量此时的水温。
- 将三个塑料瓶分别放在三处:一个放在户外阴凉处,一个放在户外阳光下,一个放在活动室内。
- 大约两个小时后,把三个塑料瓶收集回来,用温度计分别测量水温(注意防烫伤,有时水温甚至能高达 70 摄氏度)。
- 鼓励孩子用图画和符号记录不同条件下,塑料瓶中的水温变化。
- 组织孩子分析、讨论实验结果。

孩子们能学到什么

- 初步了解水的性质和特点。
- 体验太阳的能量。
- 发展数学能力（测量温度）。
- 提出假设，用科学实验进行验证。
- 仔细地观察和感知。

相关的背景知识

　　与白色物体相比，黑色物体能吸收更多的热量，因此，黑色物体在阳光下升温的速度更快，升温的幅度也更大。

光的颜色

光是什么？光有不同的颜色吗？有哪些光源？有哪些不同类型的光？

活动条件

• 开展这项实验时，小组的人数要少一些。

• 并不需要孩子有特别的技能准备。在操作过程中，孩子会自然而然理解光的构成。

① 德文原文为 Multi-spektralfolie。

活动准备

• 不同的光源（如小圆蜡烛、荧光灯管、节能灯或冰箱灯等），多光谱薄片①，三个手电筒，胶带，剪刀，一张白纸和红、黄、蓝三种单色塑料片。

• 确保房间内的光线可以调节变暗。

• 将 A4 大小的多光谱薄片剪成大小相同的 6 份。红、黄、蓝三种单色塑料片也分别剪成合适的尺寸。

 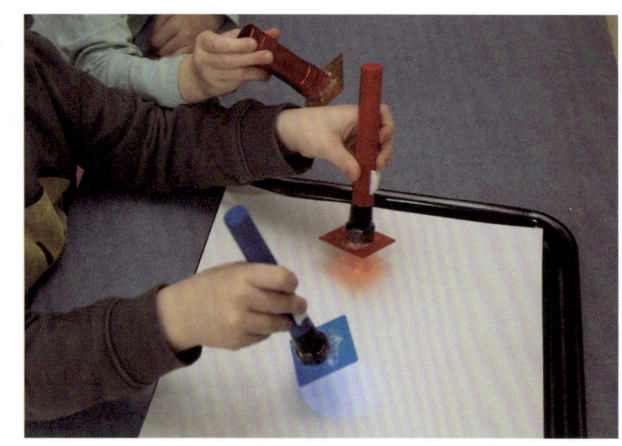

活动实施

- 将所有材料单独一一呈现，教师与孩子讨论这些材料的特性。
- 教师向孩子解释实验，并与孩子讨论在实验过程中可能发生的情况。
- 每个孩子都手拿一小片多光谱薄片。
- 孩子寻找不同的光源，把多光谱薄片放在光源前面，观察薄片有什么变化。
- 引导孩子讨论，不同的光源透过多光谱薄片看起来有区别吗？
- 引导孩子记录下结果。可以采用绘画的方式记录结果，也可以使用不同颜色的笔进行记录。
- 现在进行实验的第二部分，孩子在每个手电筒灯罩前分别贴上不同颜色的单色塑料片。将房间内的光线调节变暗，孩子用手电筒照射白色表面（如白墙），看看墙上的光斑重叠后有什么变化。
- 教师与孩子讨论发生了什么，鼓励孩子提出自己的假设。

孩子们能学到什么

- 了解有不同的光源。
- 初步了解光的颜色组成。
- 提出假设,用科学实验进行验证。
- 仔细地观察和感知。

相关的背景知识

  多光谱薄片是一种透明的薄膜。光由许多颜色组成,多光谱薄片能将光线折射成多种颜色。三支手电筒将红、黄、蓝色的光斑投射到白色的表面上,两种颜色的光斑重叠的地方会出现新的颜色。但如果这三种颜色的光全部叠加在一起,结果就是白光。

  注意:实验必须在成人的监护下进行,提醒孩子多光谱薄片和蜡烛之间需要保持适当的距离。

漂浮的回形针

回形针能浮在水面上吗？什么东西在水中会下沉？什么是表面张力？

活动条件
- 开展这项实验时，小组人数应少一些。

活动准备
- 托盘，碗，量杯，水，金属回形针（无塑料涂层），厨房纸巾，放大镜。
- 回形针必须是干燥的。
- 教师提前做一遍实验，感受一下孩子是否具备相应的精细动作技能。
- 实验前后引导孩子了解水黾的知识。为什么水黾能在水面上移动而不会下沉？

活动实施

- 将所有的材料都放在托盘上,教师与孩子讨论这些材料。重点讨论回形针是用什么做成的,以及它的用途。

- 教师向孩子解释实验,并与孩子讨论在实验过程中可能发生的情况。

- 将碗放在托盘上,请一个孩子用量杯往碗里倒满水。

- 请孩子尝试将回形针放在水面上。可能需要尝试好几次,孩子才能让回形针漂浮在水面上。

- 放置好回形针后,孩子用放大镜观察漂浮的回形针。

- 引导孩子思考:为什么回形针不会下沉,为什么它能在水面上移动。

- 试试其他材料,测试它们能否漂浮在水面上。

- 记录不同物品的实验结果并讨论。

孩子们能学到什么

- 初步了解水的性质。
- 初步了解科学知识（水有表面张力）。
- 提出假设，用科学实验进行验证。
- 发展精细动作技能。
- 将知识与自然现象联系起来。
- 仔细地观察和感知。

相关的背景知识

水面是水和空气的分界面。水分子之间相互吸引，使得水的表面有一定的表面张力。这种表面张力能让水面托住较轻的东西，如水黾、树叶或由金属制成的小物品。孩子可以通过放大镜观察回形针是如何使水的表面轻微凹陷的。有塑料涂层的回形针不适合做这个实验，因为水会渗透在金属和塑料之间的空隙中，使得回形针下沉。

漂浮的纸

纸能漂浮在水面上吗？纸什么时候会沉下去？肥皂和水混合时会发生什么？什么是表面张力？

活动条件

- 开展这项实验时，小组人数应少一些。
- 孩子已经会使用剪刀。

活动准备

- 托盘，大碗，小碗，量杯，水，肥皂液，手工纸，剪刀，尺。
- 事先将肥皂液倒入小碗中，以便孩子实验时使用。

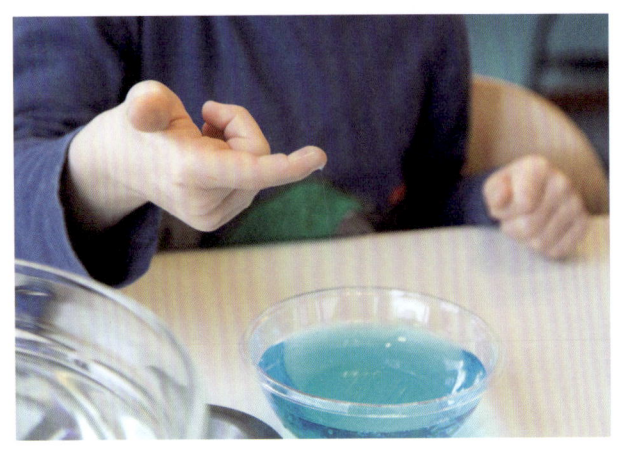

活动实施

- 将所有的材料都放在托盘上，教师与孩子讨论这些材料。重点讨论什么是肥皂液，它是由什么制成的。
- 教师向孩子解释这个实验。
- 孩子从手工纸上剪下一小块三角形的纸（三角形每边长 4 厘米），孩子自己测量所需的三角形大小。
- 还可以剪一些其他形状的纸片备用。
- 将大碗放在托盘上，孩子用量杯往大碗中倒满水。
- 将剪好的三角形纸片放在水面上。
- 孩子用指尖在小碗里蘸取一些肥皂液，再把手指轻轻放入三角形纸片下方的水中。
- 观察三角形纸片是如何在水中移动的。
- 注意：在蘸有肥皂液的手指浸入水中之前，水中不能有任何肥皂液，否则会破坏水的表面张力。
- 引导孩子思考：为什么纸片不会下沉？为什么纸片能在水中移动？

孩子们能学到什么

- 初步了解水的性质。
- 初步了解科学知识（水有表面张力）。
- 提出假设，用科学实验进行验证。
- 发展精细动作技能。
- 发展数学能力（测量，认识形状）。
- 仔细地观察和感知。

相关的背景知识

水面是水和空气的分界面。水分子之间相互吸引，使得水的表面有一定的表面张力，这种表面张力能让水面托住较轻的物品。肥皂液破坏了这种表面张力，水分子开始移动，纸张开始漂浮。所以，使用少量的肥皂液，能让纸片移动，使用过多的肥皂液，纸片就会下沉。

漂浮的黏土船

什么是轻质黏土？轻质黏土在水中会下沉吗？你能用它做出能浮在水面上的东西吗？水和轻质黏土的密度哪个更大？

活动条件

- 开展这项实验时，小组中的人数应少一些。

活动准备

- 托盘，碗，量杯，水，轻质黏土和螺帽。
- 只有轻质黏土才适合这个实验。

活动实施

• 将所有的材料都放在托盘上,教师与孩子就材料进行讨论。

• 教师向孩子解释实验,并与孩子讨论在实验过程中可能发生的情况。

• 将碗放在托盘上,请一个孩子用量杯往碗里倒满水。

• 每个孩子用轻质黏土捏一个球。

• 将黏土球放入碗中,看看它是否能漂浮在水面上。

• 教师与孩子讨论黏土球下沉的原因,并思考是否有一种方法能使得黏土漂浮在水面上。

• 孩子尝试用黏土做出不同的造型。

• 每个孩子用黏土做一条船并把它放在水面上,观察黏土做的船能否浮在水面上。

• 逐个将螺帽放在黏土船上,看看船上装几个螺帽是载重极限。

• 对不同的黏土船(大型船、小型船、加长船等)进行载重能力测试,并记录结果。

• 与孩子讨论实验结果为什么不同,鼓励孩子提出自己的假设。

孩子们能学到什么

- 初步了解水的性质。
- 初步了解科学知识（物体密度）。
- 提出假设，用科学实验进行验证。
- 发展精细动作技能。
- 仔细地观察和感知。

相关的背景知识

　　轻质黏土的密度比水大，这就是黏土球会沉入水中的原因。黏土船的表面积比黏土球的表面积要大，而且是中空的，这就使得黏土船整体造型的密度比水的密度小，因此能漂浮在水面上。

水的运输

水是如何从一处运到另一处的？吸管里为什么会留存一些水？气压是什么？

活动条件

• 开展这项实验时，小组人数应少一些。

活动准备

• 托盘，两个透明塑料杯，一个量杯，水，食用色素和吸管（透明吸管最佳）。

• 注意：用吸管运水时，拇指必须紧紧摁住吸管的一端。

活动实施

• 将所有的材料都放在托盘上,教师与孩子就材料进行讨论。

• 教师向孩子解释实验,并与孩子讨论在实验过程中可能发生的情况。

• 请一位孩子用量杯给一个塑料杯倒满水,并用食用色素给水上色。

• 两个塑料杯紧挨着放在托盘上。

• 将吸管放入盛满水的塑料杯中。

• 当吸管底端碰到杯底时,用拇指摁住吸管的顶端。

• 将吸管中的水运送到空的塑料杯中。

• 把拇指从吸管顶端拿开,吸管中的水就会流入塑料杯中。

• 教师引导孩子讨论发生了什么,鼓励孩子提出自己的假设。

• 活动拓展:多使用几个杯子,尝试给水染上不同的颜色,测试用不同粗细吸管运送的水量是否相同,还可以测试一下用这种方法运水,可以运送多远的距离。

孩子们能学到什么

- 初步了解水的性质。
- 初步了解科学知识。
- 提出假设,用科学实验进行验证。
- 发展精细动作技能。
- 发展数学能力。
- 仔细地观察和感知。

相关的背景知识

  这个实验的要点是拇指应完全覆盖住吸管顶端,否则,水就会流出来。拇指摁住吸管顶端时,水上方的空气压强比水下方的大气压强小,相当于对水施加了一个向上的压力,因而,水不会流下来。当吸管顶端的拇指拿开时,水的上下方同时受到大气压强施加的力,这两个力互相抵消,水就受重力的影响向下流出。

海底世界

怎样才能在水里游泳而身体不湿呢？潜水艇是什么？空气会被困在水中吗？

活动条件

- 开展这项实验时，小组人数应少一些。
- 孩子具备一定的精细动作技能。

活动准备

- 一个大的水盆，一个量杯，水，铝碗（例如小圆蜡烛的底座），棉垫，玩具人偶，透明塑料杯和厨房纸巾。
- 可以和孩子一起将大水盆装饰成水下世界。
- 教师提前做一遍实验，感受一下孩子是否具备相应的精细动作技能。

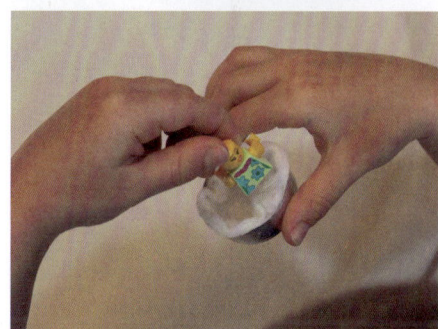

活动实施

- 教师与孩子就各种材料展开讨论。
- 将大水盆放在地上,由孩子用量杯往里装水。
- 引导孩子思考,如何把玩具人偶放进水中而不被弄湿。
- 逐个尝试孩子设想的办法,看看玩具人偶是否能保持干燥。
- 教师向孩子解释这个实验。
- 将棉垫放入铝碗中,再将玩具人偶放入碗中的棉垫上。
- 把装着玩具人偶的铝碗小心地放在水面上。
- 把塑料杯罩在铝碗上,带着铝碗在水面上移动,然后再把塑料杯拿开。
- 将铝碗从水中取出,检查玩具人偶和棉垫是否干燥。
- 这个实验对动作要求较高,孩子可能需要尝试几次才会成功。
- 引导孩子记录不同的实验结果,并进行讨论。
- 一起提出假设,为什么玩具人偶被罩在塑料杯下时不会变湿。

孩子们能学到什么

- 初步了解水的特点。
- 初步了解空气的特点。
- 提出假设,用科学实验进行验证。
- 发展精细动作技能。
- 仔细地观察和感知。

相关的背景知识

因为塑料杯是垂直扣上去的,所以杯中有空气,使得水无法进入杯中,这就能让玩具人偶和棉垫保持干燥。

冒泡的水管

怎样让水冒泡？泡腾片放进水里会发生什么？气体是什么？如果密封的容器中产生气体，会发生什么？压力是什么？

活动条件

• 开展这项实验时，小组的人数应少一些。

活动准备

• 托盘，水，泡腾片，量杯，带盖的小塑料管（例如泡腾片的包装）。

• 用锡纸把塑料管缠绕起来。

• 注意：在操作过程中，孩子不能站得离塑料管太近，液体容易飞溅到眼睛里。请勿在灯下进行实验，实验过程中塑料管的盖子可能会弹开飞起，把灯弄坏。

活动实施

- 将所有的材料都放在托盘上，教师与孩子就材料进行讨论。重点讨论泡腾片的成分。
- 将一片泡腾片放在一个开放或透明的容器中进行溶解，让孩子先熟悉泡腾片溶解的过程。
- 教师向孩子解释实验，并与孩子讨论在实验过程中可能发生的情况。
- 请一位孩子在量杯里装满水，并把装满水的量杯放在托盘旁边。
- 在小塑料管中放入一片泡腾片。
- 请一位孩子往小塑料管里灌满水，并迅速把盖子盖上，越快越好。
- 提醒孩子与小塑料管保持安全距离。
- 与孩子讨论发生了什么，鼓励孩子提出自己的假设。
- 测试一下往小塑料管中倒入不同量的水，是否会导致结果不同；当小塑料管里装上水盖上盖子后翻转放置，又会发生什么。
- 记录实验结果并比较有何异同。

孩子们能学到什么

- 初步了解水的性质。
- 初步了解科学知识（气体和压力的形成）。
- 提出假设，用科学实验进行验证。
- 发展精细动作技能。
- 仔细地观察和感知。

相关的背景知识

泡腾片遇水溶解时会产生气体（二氧化碳）。在很短的时间内，越来越多的气体在小塑料管中形成，由于塑料管是密封的，气体无法逸出，从而塑料管内产生了高压。等到盖子再也承受不住这种压力时，就会弹开。

水位上升

点燃的蜡烛什么时候会熄灭？蜡烛在水下能燃烧吗？氧气是什么？

活动条件

- 开展这项实验时，小组的人数应少一些。
- 孩子具备一定的精细动作技能。

活动准备

- 托盘，深盘，量杯，水，玻璃杯，小圆蜡烛，食用色素。
- 注意：应提前组织孩子讨论如何应对和处理明火。实验必须在教师的严密监护下进行，以免发生危险。

活动实施

• 将所有的材料都放在托盘上,教师与孩子就材料进行讨论。

• 教师向孩子解释实验,并与孩子讨论在实验过程中可能发生的情况。

• 在量杯内装满水,并用食用色素上色。

• 将深盘放在托盘上,在深盘里倒入水。

• 将小圆蜡烛放置在深盘中间的水面上。

• 教师点燃蜡烛。

• 现在将玻璃杯倒过来罩在燃烧的蜡烛上,玻璃杯口与深盘完全接触。

• 引导孩子仔细观察。

• 引导孩子思考:为什么蜡烛会熄灭,为什么水会被吸进杯子里。

• 用不同的盘子或碗,不同的杯子和不同数量的小圆蜡烛进行实验,测试各种不同条件下实验结果是否不同。

• 记录实验结果,并进行讨论。

孩子们能学到什么

- 初步了解水的特点。
- 初步了解空气的特点。
- 如何应对和处理火灾。
- 提出假设,用科学实验进行验证。
- 发展精细动作技能。
- 仔细地观察和感知。

相关的背景知识

　　玻璃杯罩在蜡烛上方时,玻璃杯内是一个密闭空间,一旦氧气耗尽,火焰就会熄灭。同时,由于玻璃杯内空气量有所减少,杯内气压降低,小于外部的大气压。由于玻璃杯内外的气压需要保持平衡,水就会被吸进玻璃杯。

纸条的旋转

热量能使物体运动吗？什么是螺旋旋转？如何正确处理火灾？

活动条件

- 开展这项实验时，小组的人数应较少。
- 孩子具备较好的精细动作技能。

活动准备

- 托盘，盘子，小圆蜡烛，剪刀，锡纸，针，线。
- 注意：应提前组织孩子讨论如何应对和处理明火。实验必须在教师的严密监护下进行，以免发生危险。
- 每 4—6 个孩子应由 2 名教师陪同开展实验。

活动实施

- 将所有的材料都放在托盘上,教师与孩子就材料进行讨论。
- 孩子将锡纸剪成螺旋状的长条。
- 锡纸条的一端用针穿上线。孩子在使用针线时,教师应及时给予支持和帮助。
- 教师向孩子解释实验,并与孩子讨论在实验过程中可能发生的情况。
- 将小圆蜡烛放在盘子上,教师将蜡烛点燃。
- 孩子提起锡纸条,放在烛火上方约20厘米处。
- 教师引导孩子仔细观察,思考让锡纸条不停旋转的原因。
- 实验中,也可以用取暖器代替蜡烛。
- 鼓励孩子记录下自己的假设和实验结果。

孩子们能学到什么

- 初步了解空气的性质。
- 如何应对和处理火灾。
- 提出假设,用科学实验进行验证。
- 发展精细动作技能。
- 仔细地观察和感知。

相关的背景知识

　　部分空气被加热时,这部分热空气会上升,周围的冷空气会下沉,上升的气流会带动锡纸条旋转。

用气球创作音乐

旋转是什么？离心力是什么？硬币是怎样发出声音的？

活动条件

• 开展这项实验时，小组的人数应少一些。

• 孩子会吹气球。

活动准备

• 几个气球和有不同棱边的硬币。

• 注意：硬币提前放在气球里；确保吹气球时球体是向下变大的，这样就不会有窒息的危险。

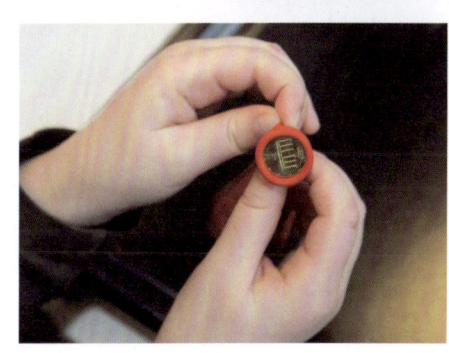

活动实施

• 教师与孩子讨论所有的材料，重点是观察和讨论硬币的特点。

• 教师向孩子解释实验，并与孩子讨论在实验过程中可能发生的情况。

• 把一枚硬币放进气球里，然后请孩子给气球吹气。

• 孩子用双手扶住吹好的气球，旋转着甩一甩，仔细倾听有什么声音。

• 尝试使用不同大小的气球，不同充气程度的气球和不同的硬币，来测试发出的声音是否不同。

• 引导孩子思考：如果所有的气球同时旋转起来，能否创作音乐呢？

• 鼓励孩子记录不同的实验结果，提出假设，并进行讨论。

孩子们能学到什么

- 初步了解科学知识（离心力）。
- 发展粗大动作技能。
- 增强嘴部肌肉的控制力（吹气球）。
- 提出假设，用科学实验进行验证。
- 仔细地观察和感知。

相关的背景知识

　　当物体做圆周运动时，就会产生离心力。气球里的硬币就是被这个力抛出去的。硬币的棱边撞在气球上，这就产生了声音。硬币在气球里旋转得越快，发出的声音的音调就越高。

螺旋飞行器

螺旋桨是什么？重力是什么？空气阻力是什么？

活动条件

- 开展这项实验时，小组的人数应少一些。
- 孩子具备一定的精细动作技能。

活动准备

- 吸管，彩色手工纸，铅笔，尺，棉签，剪刀和衬底的材料（如一张白纸）。
- 注意：在空旷的场地操作螺旋飞行器起飞，以免发生安全事故。

活动实施

- 教师与孩子讨论所有的材料。
- 孩子将手工纸剪成条状（宽约3厘米，长约8厘米），鼓励孩子自己测量纸条的宽度和长度。
- 将棉签底部插入吸管，棉签顶部（带棉的一端）要露在吸管外面。
- 吸管的另一端，剪一个口子，长约1.5厘米。
- 用加了衬底的手工纸制作一个两边各4厘米长的两叶螺旋桨。
- 将螺旋桨的底部卡入吸管一端的卡口中，这样自制螺旋飞行器就做好了。
- 引导孩子思考在实验过程中可能会发生什么情况，比如这个飞行器飞行时会怎样。
- 孩子双手搓动吸管，让飞行器飞起来，并观察飞行器是如何在空中飞行的。
- 测试同一飞行器从不同高度起飞，飞行高度和飞行距离是否有变化；不同重量的飞行器从同一高度起飞，飞行高度和飞行距离是否有变化。
- 引导孩子记录实验结果。

孩子们能学到什么

- 初步了解科学知识（重力、空气阻力）。
- 发展数学能力（测量）。
- 发展精细动作技能。
- 提出假设，用科学实验进行验证。
- 仔细地观察和感知。

相关的背景知识

旋转的螺旋桨提供了必要的推进力，与空气阻力的共同作用下，使得飞行器可以在空中停留一段时间。

作者介绍

玛丽亚·奥德马克曾在德国柏林学习教育学和经济学。她十分关注托幼机构的质量管理，特别是教学过程的质量。她认为设计令人兴奋和富有创意的活动尤为重要，这些活动可以融入日常教学实践。

西尔克·沙佩尔是一名资深教育者。作为Klax教育集团自然科学领域的专业人员，她将各种自然和科学知识融入教学活动并付诸实践，她还引入了一部分媒体教育项目。

傅敏敏，毕业于华东师范大学，教育学硕士，上海市优秀科研员。译、著并编有《走进童话的世界——幼儿语言素养培养的研究》等多部研究文集。主持并参与多项国家级、市级课题研究，相关成果获上海市第五、六、七届学校科研成果一、二、三等奖。

张超逸，毕业于上海师范大学，教育学硕士。主持开展国家社会科学基金青年课题、上海市基础教育信息化研究等多项课题，获"上海市浦东新区教育科研工作先进个人"等荣誉。

图书在版编目（CIP）数据

幼儿园自然和科学体验 /（德）玛丽亚·奥德马克著；
傅敏敏，张超逸译. — 上海：上海教育出版社，2023.3
德国幼儿园趣味课程
ISBN 978-7-5720-1860-2

Ⅰ. ①幼… Ⅱ. ①玛… ②傅… ③张… Ⅲ. ①科学知识 — 教学研究 — 学前教育 Ⅳ. ①G613.3

中国国家版本馆CIP数据核字(2023)第051372号

Published under the original title *Natur erleben im Kindergarten. 30 Ideen für die Bildungsarbeit mit 4- bis 6-jährigen Kindern* © Bananenblau Verlag 2019, Berlin/Germany
The simplified Chinese translation rights arranged through Rightol Media
Simplified Chinese translation copyright © 2023 by Shanghai Educational Publishing House
ALL RIGHTS RESERVED

本书中文简体版权经由锐拓传媒旗下小锐取得 Email:copyright@rightol.com
本书中文简体字翻译版由上海教育出版社出版
版权所有，盗版必究
上海市版权局著作权合同登记号 图字：09-2021-0354号

责任编辑　管　倚
美术编辑　王　慧
封面装帧　赖玟伊

德国幼儿园趣味课程
Youeryuan Ziran He Kexue Tiyan
幼儿园自然和科学体验

出版发行	上海教育出版社有限公司
官　　网	www.seph.com.cn
地　　址	上海市闵行区号景路159弄C座
邮　　编	201101
印　　刷	上海展强印刷有限公司
开　　本	889×1194　1/24　印张 $6\frac{5}{6}$
字　　数	144 千字
版　　次	2023年3月第1版
印　　次	2023年3月第1次印刷
书　　号	ISBN 978-7-5720-1860-2/G·1744
定　　价	75.00 元

如发现质量问题，读者可向本社调换　电话：021-64373213